COLLECTION

DE FEU

M. DUPONT-AUBERVILLE

DEUXIÈME VENTE

Le Mercredi 11 Mars 1891

HOTEL DROUOT, SALLE N° 9

ÉTOFFES ANCIENNES

EXPOSITION PUBLIQUE

LE MARDI 10 MARS 1891

De 1 heure à 5 heures 1|2

Mᵉ P. CHEVALLIER	**M. CH. MANNHEIM**
COMMISSAIRE-PRISEUR	EXPERT
10, rue de la Grange-Batelière, 10	7, rue Saint-Georges, 7.

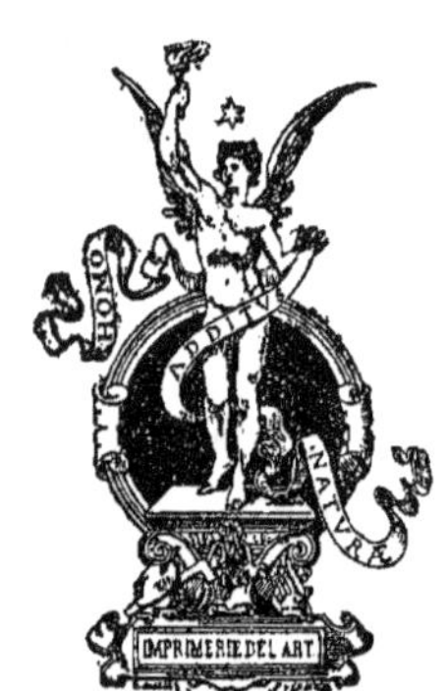
HONOR
AD DEI
NATURÆ
IMPRIMERIE DE L'ART

CATALOGUE

DES

ÉTOFFES ANCIENNES

DU XVe AU XIXe SIÈCLE

BRODERIES ET APPLICATIONS

Tapisseries au point

VELOURS — SOIERIES

TAPISSERIES

PASSEMENTERIES — FRANGES

DE LA

COLLECTION DE FEU M. DUPONT-AUBERVILLE

ET DONT LA VENTE AURA LIEU

HOTEL DROUOT, SALLE N° 9

Le Mercredi 11 Mars 1891

à 2 heures

Me Paul CHEVALLIER	M. Charles MANNHEIM
COMMISSAIRE-PRISEUR	EXPERT
10, rue de la Grange-Batelière, 10	7, rue Saint-Georges, 7

EXPOSITION PUBLIQUE

Le Mardi 10 Mars 1891, de une heure à cinq heures et demie

CONDITIONS DE LA VENTE

La vente sera faite au comptant.

Les Acquéreurs paieront, en sus des adjudications, *cinq pour cent* applicables aux frais.

L'Exposition mettant le public à même de se rendre compte de l'état des objets, il ne sera admis aucune réclamation une fois l'adjudication prononcée.

Paris — Imprimerie de l'Art, E. Ménard et Cⁱᵉ, 41, rue de la Victoire.

DÉSIGNATION DES OBJETS

BRODERIES ET APPLICATIONS

1 — Curieux spécimen de très ancienne broderie sur toile, à décor de fleurons, feuilles et ornements rembourrés d'un carton revêtu de fils d'argent.

2 à 5 — Huit beaux carrés de broderie italienne du xvᵉ siècle, à figures mythologiques : amours, fleurs et festons en application et broderie de soies et de fils d'or sur fond de velours grenat.

6 — Bandeau composé de trois carrés en belle broderie de la Renaissance ; le milieu, en soie et argent, représente la fable de Jupiter et Io, et est enrichi de petites perles et de pierres de couleur. Les deux autres carrés figurent des chimères et de beaux ornements brodés sur velours grenat.

7 — Morceau montrant deux médaillons à figures de femmes finement brodés, avec rehauts d'or, et encadrés de rinceaux et de fleurons en application de velours noir et rouge, sur fond jaune. xvıᵉ siècle.

8 — Six embrasses variées, en broderie et application de la
Renaissance, à fonds de velours.

9 — Deux bandes : soie blanche, à décor en broderie d'or ;
fleurons inscrits en des rinceaux chevronnés. xvie siècle.

10 — Trois carrés de broderie Renaissance : cariatides,
feuillages et rinceaux sur fond de velours grenat.

11 — Plusieurs spécimens de broderies Renaissance, fixés
sur papier.

12 — Deux petits rectangles de velours grenat, à cartouche
et rinceaux en application de soie jaune et broderie de
soie et d'or. Fin du xvie siècle.

13 — Deux petites bandes en application de velours de plusieurs couleurs sur satin jaune. xviie siècle.

14 — Carré décoré d'entrelacs et de chimères en application
et broderie de soie jaune sur fond de soie bleue.
Italie, xvie siècle.

15 — Candélabre et rinceaux en broderie et application sur
velours rouge. xvie siècle.

16 — Rond bordé d'un tore d'acanthes saillant et contenant
un cartouche bleu où est inscrite une roue jaune ; broderies, application et soutache ; une banderole porte la
date 1632.

17 — Voile de calice en drap d'argent, décoré de rinceaux en
broderie d'or. xviie siècle.

18 — Échantillon de superbe broderie à relief, dessin Louis
XIV, en soie rouge sur fond de velours de même couleur, mais un peu plus foncé.

19 — Deux morceaux à dessin soutaché de coquilles, rinceaux et fleurs en application de soie côtelée, tissée or et
relevée d'applications de velours vert, sur fond de soie
blanche. Époque Louis XIV.

20 — Morceau à dessin de rinceaux et de rocailles en velours
rouge, soutaché de cordonnet blanc et appliqué sur un
fond de drap d'or. Commencement du XVIIIe siècle.

21 — Morceau de velours vert avec motif Louis XIV, en
application de soie blanche, à relief, obtenu par un rem-
bourrage de filasse.

22 — Morceau de jupe en faille ponceau, à dessin Louis XIV,
brodé en soie blanche.

23 — Deux tableaux : Vases de fleurs exécutés en broderie
au passé de soies et laines multicolores sur toile. Époque
Louis XVI.

24 — Garniture de chaise, dossier ovale et siège en soie
crème damassée décorée de bouquets et de festons d'entourage en fine broderie soies de couleurs. Époque
Louis XVI.

25 — Armes de Napoléon, broderie à reliefs de cordonnets
soutachés et de paillons métalliques.

26 — Lot d'ornements en broderie de soie et de fils métalliques, sans fond.

27 — Bourse en broderie d'or et d'argent offrant sur chaque face la couronne royale, enrichie de petites perles. XVIIe siècle.

28 — Boîte ronde en broderie cannetille d'or et d'argent, avec fleurs en relief. XVIIe siècle.

29 — Rectangle en brocatelle, ton vieil or, traversé de bandes de rinceaux en application de soie violette, à dessin de cordonnets blanc et vert. XVIe siècle.

30 — Deux bandes de la Renaissance, en velours pourpre soutaché et brodé d'or, et deux encadrements de galons à relief brodés en fin, plus un galon et un effilé métallique.

31 — Rectangle en largeur, drap rouge décoré en applications de broderies sur toile, de figures chimériques, vases, rinceaux fleuris, animaux, oiseaux. Fin du XVIe siècle. — 1 m. 25 cent. sur 1 m. 70 cent.

32 — Dix bandes d'ornements sacerdotaux, en broderie de soies de couleurs d'or et d'argent, à reliefs ; décor à figures, arcades en ogive, fleurs de lis. XVe siècle.

33 — Belle bordure : lot de traverses et de montants, à dessin Renaissance, de rinceaux fleuris en velours grenat et soie blanche appliqués sur fond de soie jaune.

34 — Dessus de coussin, velours de soie pourpre avec couronne de feuilles et double bande carrée, d'ornements en broderie à reliefs de soie et d'argent. Époque Louis XIII.

35 — Bande de velours vert ornée d'une bande circulaire, à rinceaux et fleurons, en applications de soies de couleurs bordées de cordonnets métalliques. xviie siècle.

36 — Dessus de guéridon, velours bleu avec bande circulaire de lions affrontés, en broderie métallique.

37 — Grand bandeau de damas rouge décoré de fleurons, en applications de soies et de velours. xviie siècle.

38 — Petit bandeau de soie ponceau décoré de vases, de couronnes et d'arcades, en broderie de soie et d'or parsemée de paillettes métalliques. xvie siècle.

39 — Bande de drap rouge à rinceaux, fleurons et quadrillés en broderie de soie blanche, sans envers. Époque Louis XIV. — 2 m. 50 cent.

40 — Trois lambrequins en drap rouge, à dessin de rinceaux en application de velours noir et broderie de soie. xviie siècle.

41 — Tapis carré de satin rouge; bordure de rinceaux et milieu à couronne de feuillages en application de velours grenat, à dessin délimité par un cordonnet d'or. Italie, xvie siècle.

42 — Trois mètres de bordure velours rouge, à dessin en broderie de paillettes métalliques. xviie siècle.

43 — Joli petit rectangle de soie rose chargée de chiffres, de rinceaux fleuris et d'entrelacs très finement brodés or et argent. xviie siècle.

44 — Carré de broderie de soies de couleurs : fleurs et rinceaux sur fond blanc. XVIIe siècle.

45 — Lot de taffetas rose à bouquets brodés en soies de couleurs. XVIIIe siècle.

46 — Lambrequin à bord festonné en taffetas vieux rose, brodé d'oiseaux et de fleurs et bordé d'un effilé blanc et vert. Époque Louis XV.

47 — Tapis de lutrin en soie crème, à bouquets et fleurs jetées, en broderie de soies multicolores au passé. XVIIIe siècle.

48 — Quatre coussins : broderie de soies, chenille et laine en relief sur velours et soie. Époque Louis XVI et Empire.

49 — Médaillon : tête de chien épagneul, fine, exécutée en broderie de chenille.

50 — Rideau de vitrage à décor de feuillages, en application de soie et de paillettes métalliques sur réseau noir.

TAPISSERIES AU POINT

51 — Plusieurs intéressants morceaux de broderies au petit point. XVIe et XVIIe siècles.

52 — Lot de bandes et de morceaux en tapisserie au petit point, d'un riche décor à rinceaux de fleurs ornementales en couleurs sur fond blanc. Époque Louis XIV.

53 — Petit tableau en broderie de soies au passé : représentant une chasse au cerf en un encadrement de rinceaux, avec, en haut, les figures de Mercure et de Diane, et en bas, une armoirie épiscopale brodée en argent. Époque Louis XIV.

54 — Revêtement d'un dossier de canapé en tapisserie au point à ramages en couleurs sur fond noir. Époque Louis XIV.

55 — Fort lot de bordures : tapisserie au point fond blanc, feston de feuillages et entrelacs. XVIIIe siècle.

56 — Autre lot de bordures, de même genre.

57 — Quinze pièces : tapisserie au point pour sièges. Fin du XVIIIe siècle et Empire.

58 — Fort lot de tapisserie au point pour sièges, joues de bergère, fauteuils, grands morceaux, etc.

VELOURS

59 — Carré de velours, à dessin grenat, en relief sur fond crème. XVIIe siècle.

60 — Spécimens de velours Renaissance à dessin ciselé, en relief, contretaillé, etc.

61 — Chasuble composée d'anciens morceaux de velours de

soie pourpre ciselé, à semis de fleurs de lis et de rinceaux ; croix en satin jaune.

62 — Morceau de velours vénitien du xve siècle, à grand
dessin grenat de style oriental, sur fond tissé or.

63 — Deux morceaux de beau velours, à dessin Louis XIV
de plusieurs couleurs en relief sur champ de satin blanc,

64 — Lé de trois mètres vingt centimètres de soie unie peluche vert foncé.

65 — Quatre mètres soixante centimètres peluche de soie
ponceau en deux lés.

66 — Deux mètres dix centimètres velours de soie écarlate.

67 — Deux grands rideaux et sept lambrequins velours
rouge, encadrés de galons et bordés de franges dorées.

68 — Portière en drap écarlate de soldat.

69 — Pièce de velours de soie rouge uni.

70 — Robe de coupe orientale en velours violet.

71 — Lé de velours, à dessin rouge et bleu de rinceaux,
avec armoirie sur champ vieil or.

72 à 75 — Lots de coupes et types de velours de diverses
époques.

SOIERIES

76 — Rectangle de soie rouge tissée or : la Vierge et quatre anges sous un dais ; tissu italien du xvᵉ siècle. La robe de la Vierge et le ciel du dais sont rehaussés de soies bleues.

77 — Spécimens de brocart. xvıᵉ et xvııᵉ siècles.

78 — Chaperon en brocart du xvıᵉ siècle, bordé d'un effilé d'argent.

79 — Petit panneau en hauteur de soie crème, à riche décor : paysages, figures, oiseaux et festons en broderie de soies et de fils métalliques. Époque Louis XV.

80 — Échantillon composé de quatre bandes juxtaposées de beau lampas Louis XV, fond crème, à festons de roses et de feuillages brochés en couleurs.

81 — Coussin de brocart Louis XV, fond crème, dessin d'oiseaux, palmiers, corbeilles et kiosques chinois brochés en couleurs. Il est bordé d'une dentelle métallique.

82 — Petits échantillons de tissus de soies brochées, de diverses époques.

83 — Tableau représentant, en deux médaillons accolés, les bustes affrontés de Louis XVI et de Marie-Antoinette, encadrés de rubans et de festons de fleurs. Impression en couleurs sur satin crème. Époque Louis XVI.

84 — Carré de tissu de soie orné en bouclé d'or d'une couronne de lauriers, avec l'inscription : *Monseigneur le Dauphin visitant la prison de Montaigu. — Consolation au malheur. — Protection à l'Industrie. 1824.*

85 — Beau panneau de satin blanc Louis XV, à riche dessin d'oiseaux, corbeilles de fleurs et ornements brochés en couleurs.

86 — Deux grands rideaux en taffetas de soie blanche, encadrés d'une large bordure brochée en couleurs, de l'Empire.

87 — Trente et un mètres cinquante centimètres en trois coupes de satin bleu de ciel, à semis d'étoiles brochées blanc. Empire.

88 — Vingt-huit mètres quatre-vingt centimètres en trois coupes de satin vert à dessin jaune d'or, griffons et ornements. Empire.

89 — Deux petits rideaux de soie verte.

90 — Couvre-lit et deux rideaux de soie rouge.

91 — Grand morceau triangulaire de drap d'or, à dessin de rinceaux fleuris.

92 — Morceau de lampas Louis XV, à dessin de fleurs et charmilles broché en couleurs sur fond rose.

93 — Grand morceau de l'époque Louis XV, à dessin de cavaliers orientaux chassant les bêtes fauves, broché en blanc sur fond rouge.

94 — Lot de coupes de soie, même époque ; dessin broché blanc sur fond rouge.

TAPISSERIES

95 — Panneau en hauteur, en tapisserie d'Aubusson Louis XV, médaillon ovale fable de La Fontaine, entouré de festons de fleurs s'enroulant avec des rubans bleus. Fond blanc damassé.

96 — Médaillon ovale en Aubusson : le Joueur de guitare, scène galante à deux figures, encadrement de fleurs.

97 — Médaillon ovale en tapisserie d'Aubusson : Berger et Bergère tenant une quenouille.

98 — Fragment de tapisserie Louis XIV : Jupiter sous la figure de Diane séduit Calisto.

99 — Plusieurs fragments de tapisserie d'Aubusson : festons de fleurs sur fond blanc.

100 — Petit carré en tapisserie du xviie siècle : deux figures dans la campagne.

101 — Deux dos de chaises en tapisserie Louis XIV : bouquet et encadrement de fleurs, fond jaune.

102 — Onze petits rectangles en tapisserie à fleurons et rinceaux Louis XVI en couleurs sur fond jaune. (N'ont pas servi.)

103 — Sept pièces en tapisserie de Beauvais de la fin du
XVIIIe siècle, vases, aiguières et brûle-parfums, fond blanc
et entourage vert décoré d'un feston de fleurs.

104 — Huit morceaux en tapisserie du XVIIIe siècle pour
sièges : animaux et fleurs, fond jaune.

105 — Deux dossiers de fauteuils en bois sculpté, garnis de
tapisseries de Beauvais : animaux, fables de La Fontaine.
Époque Louis XV.

106 — Huit morceaux pour sièges, tapisserie de la fin du
XVIIIe siècle.

107 — Environ trois mètres cinquante centimètres, bordure
étroite en tapisserie de Beauvais ; cordon de fleurs sur
champ blanc.

108 — Environ quinze lots de tapisserie Louis XIV,
Louis XV et Louis XVI pour sièges, chaises, fauteuils
et canapés.

109 — Grande portière en tissu de laine velouté fond rouge,
composée de quatre bandes à dessin persan, d'entrelacs
et d'inscriptions multicolores, sur fond jaune clair.
— Haut., 4 mètres.

110 — Lots de toiles peintes et de toiles imprimées pour
tenture, modèles de papier peint, etc.

PASSEMENTERIES, FRANGES

111 à 125 — Environ trente cartes où sont fixés d'intéressants spécimens de franges et de passementeries, pour la majeure partie des XVIIe et XVIIIe siècles.

126 — Quantité de franges, effilés, passements, seront vendus par lots sous ce numéro.

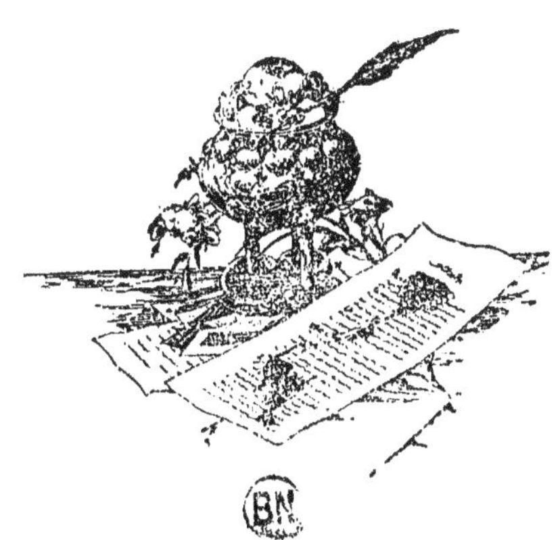